CIENCIA FÍSICA

Enciende la

Luz

Cómo funciona la electricidad

Ella Newell

Rourke
Educational Media

rourkeeducationalmedia.com

www.rourkeeducationalmedia.com

PHOTO CREDITS: p. 36: Natalia Bratslavsky/istockphoto.com; p. 31: Greg Brzezinski/
istockphoto.com; p. 17: Corbis; pp. 5, 37: Chris Fairclough/CFWImages.com; p. 12: Randy
Faris/Corbis; p. 11: Stefan Hermans/istockphoto.com; p. 42: Honda; pp. 20, 22, 30:
istockphoto.com; p. 9: Dr. Dennis Kunkel/Getty Images; p. 6: Lester Lefkowitz/Getty Images;
p. 33: Mark Lewis/Getty Images; p. 16: Thomas Mounsey/istockphoto.com;
p. 7: NASA; p. 4: Charlotte Nation/Getty Images; p. 18: Nuclear Energy Institute;
p. 14, 43: Ed Parker/EASI-Images/ CFWImages.com; p. 26: Dave Peck/ istockphoto.com; p.
15: Photodisc; p. 41: PPM Energy; p. 32: Pali Rao/ istockphoto.com; p. 38: Harald Richter/
NOAA Photo Library; OAR/ERL/National Severe Storms Laboratory (NSSL);
p. 23: Steven Robertson/ istockphoto.com; p. 13: Krzysztf Rafal Siekielski/istockphoto.com;
p. 34: Daniel St. Pierre/ istockphoto.com; p. 40: Rio Tinto plc/Newscast; p. 29: Edward
Todd/ istockphoto.com; p. 39: Toyota; p. 35: Kirill Zdorov/istockphoto.com.

Cover picture shows light from a compact fluorescent lightbulb.
[Baldur Tryggvason/istockphoto.com]

Produced for Rourke Publishing by Discovery Books
Editors: Geoff Barker, Amy Bauman, Rebecca Hunter
Designer: Ian Winton
Cover designer: Keith Williams
Illustrator: Stefan Chabluk
Photo researcher: Rachel Tisdale

Editorial/Production services in Spanish
by Cambridge BrickHouse, Inc.
www.cambridgebh.com

Newell, Ella.
  Turn on the light : how electricity works / Ella Newell.
  ISBN 978-1-62717-306-3 (soft cover - Spanish)
  ISBN 978-1-62717-520-3 (e-Book - Spanish)
  ISBN 978-1-61236-233-5 (soft cover - English)

Also Available as:

Rourke Educational Media
Printed in the United States of America,
North Mankato, Minnesota

Rourke
Educational Media

rourkeeducationalmedia.com

customerservice@rourkeeducationalmedia.com • PO Box 643328 Vero Beach, Florida 32964

CONTENIDO

Capítulo uno

De la planta eléctrica al bombillo

Al mover un interruptor, un bombillo se ilumina. El ordenador se ilumina cuando se enciende. ¿Sabes por qué? ¿Qué mantiene fríos a los refrigeradores? ¿Qué calienta el agua? La respuesta es la electricidad. Este libro narra el viaje increíble de la electricidad desde una gran **central eléctrica** a las luces en tu casa.

La electricidad es una forma de **energía** invisible. Con solo mover un interruptor, puedes arrancar o parar el flujo de electricidad. Parece magia. ¡Pero no! Mira a tu alrededor en tu habitación. ¿Cuántas cosas necesitan electricidad para funcionar? Recuerda contar también objetos que usan baterías.

◄ *La batería dentro de esta computadora es como un pequeño almacén de electricidad.*

Tu cuerpo también depende de la electricidad. ¿Lo contaste entre las cosas que la utilizan? ¡Tienes electricidad en tu cuerpo! Una carga eléctrica mantiene tu corazón latiendo.

▲ *La electricidad mantiene a pueblos y ciudades funcionando día y noche.*

¡Todo se relaciona con la energía!

Todos necesitan electricidad: hospitales, escuelas, empresas y centros deportivos. Todos dejarían de funcionar sin electricidad. ¿De dónde viene esta energía? La mayor parte de la electricidad que utilizamos proviene de una central eléctrica. Allí se producen enormes cantidades de electricidad, que es llevada a nuestros hogares y negocios mediante alambres y cables.

▼ *Los aparatos de rayos X, los escáneres y otros equipos de los hospitales necesitan un suministro constante de energía eléctrica para funcionar.*

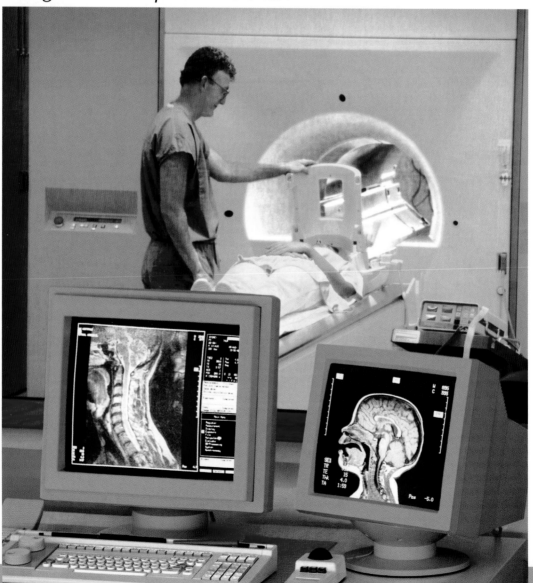

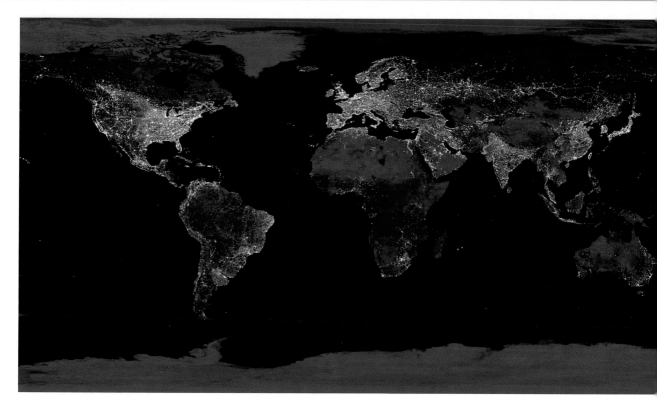

▲ *En la oscuridad de la noche observamos la Tierra iluminada en las zonas en que se está usando luz eléctrica.*

Energía

La energía hace funcionar las cosas. Hay muchos tipos de energía. Tu cuerpo usa energía para correr. El fuego usa energía térmica para cocinar los alimentos. La electricidad es una energía que puede transformarse en otros tipos de energía. Se utiliza para producir luz y calor. Esto es lo que la hace tan útil.

¡SEGURIDAD!

La electricidad puede ser peligrosa. Tal vez ya sabes que no debes tocar los enchufes o cables con las manos mojadas. Esto es porque la electricidad fluye fácilmente a través del agua. Tu cuerpo está hecho principalmente de agua. Si tocas la corriente eléctrica, te dará una sacudida. La electricidad fluye a través del agua de tu cuerpo.

Capítulo dos

Todo sobre la electricidad

La electricidad hace brillar la luz cuando mueves el interruptor. Para entender por qué, tenemos que observar los pedacitos más pequeños de la **materia**, que componen nuestro mundo.

Todo está hecho de átomos

Todo lo que nos rodea está hecho de materia. La materia se compone de pequeños **átomos**. Imagina que rasgas un trozo de papel de aluminio por la mitad. Todavía parece papel. Ahora imagina si lo rompes en miles de pedazos que solo pueden verse a través de un microscopio. Esas piezas se llaman átomos.

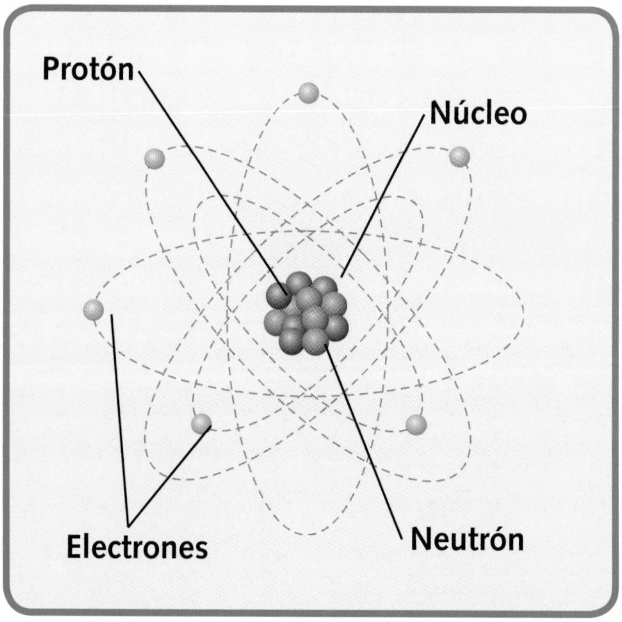

▶ *Partes fundamentales del átomo.*

Protón

Núcleo

Electrones

Neutrón

ÁTOMOS

Los átomos son tan pequeños que solo puedes verlos a través de un microscopio. ¡Hay millones de ellos en la cabeza de un alfiler!

Todo sobre los átomos

Cada átomo tiene un centro llamado núcleo. El núcleo se compone de pequeñas piezas o partículas. Estas se llaman protones y neutrones. Rodeando el núcleo hay más partículas: los electrones. Cada **electrón** tiene una carga eléctrica. Los electrones saltan de un átomo a otro para crear una **corriente eléctrica**. Para iluminar un bombillo tienen que moverse unos 6 mil millones de electrones por segundo.

La corriente eléctrica

Los electrones se mueven, o saltan, de átomo en átomo. Esto crea un flujo de carga eléctrica. Este flujo se llama corriente.

A veces se puede acumular una carga eléctrica en un solo lugar. Esto se llama **electricidad estática**. Cuando las cargas eléctricas fluyen de un lugar a otro, se le llama corriente eléctrica. La corriente eléctrica se produce en centrales eléctricas y fluye a lo largo de los alambres y cables. Esto suministra energía a los equipos electrodomésticos de tu casa.

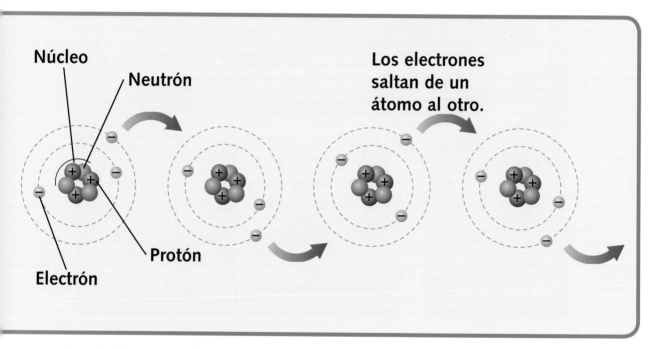

▲ *El flujo de electrones saltando de un átomo al otro crea una corriente eléctrica.*

¡Salto!

La luz, el calor, o una **reacción química** pueden hacer que los electrones se muevan de un átomo a otro. Los electrones, al saltar de un átomo al otro, crean un flujo eléctrico. La corriente fluye por una ruta circular, llamada **circuito**.

▲ *Imagina una hilera de fichas de dominó. Si la primera cae, provoca que todas caigan una después de las otras. Los electrones saltan de un átomo al otro de forma similar.*

+ y -

Un **protón** tiene una carga positiva. Esto se muestra como el símbolo +. Un electrón tiene una carga negativa. Esto se muestra como el símbolo –. Un número desigual de cargas positivas o negativas produce una carga eléctrica.

▶ *Cuando hay más electrones cargados negativamente que protones cargados positivamente, se crea una carga eléctrica.*

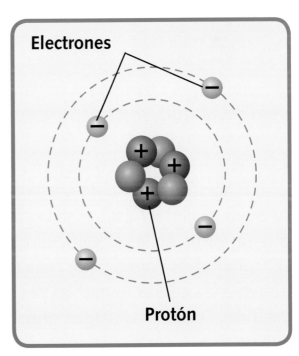

Electrones

Protón

▲ *Las cargas positivas y negativas en el globo y en el pelo de la niña se atraen mutuamente.*

Electricidad estática

¿Nunca has frotado un globo contra un suéter? ¿El globo se pegó al suéter? Esto es causado por la electricidad estática que se forma en las superficies de algunos materiales cuando se frotan unos contra otros. Las cargas positivas de un material atraen a las cargas negativas del otro. Esto produce electricidad estática. Cuando las cargas se igualan, el globo cae.

Los opuestos se atraen

Si se acercan dos objetos con partículas con carga positiva (protones), verás que las partículas tratan de alejarse unas de las otras. Los objetos con cargas opuestas (protones y electrones) se atraen. Esto es porque cargas diferentes tratan de equilibrarse. Si te peinas el cabello con un peine plástico en un día seco, el peine atrae a los electrones. Eso deja tu cabello con demasiados protones. ¡Cada pelo tratará de alejarse de los demás!

¿Cómo funciona?

Si caminas en la alfombra tus zapatos recopilarán electrones negativos. Estos se mueven alrededor de tu cuerpo buscando protones positivos. Si luego tocas la perilla de una puerta de metal, los electrones son halados hacia los protones en el metal. Mientras saltan hacia el metal, se produce una pequeña descarga eléctrica.

FOTOCOPIADORA

La electricidad estática se utiliza en las fotocopiadoras. Dentro de la máquina, las partículas cargadas positivamente atraen partículas de polvo negro. El polvo negro se utiliza para copiar la imagen.

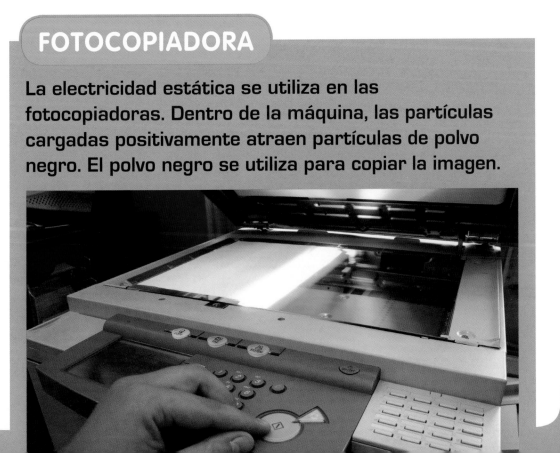

El rayo

Es un día tormentoso, el destello del relámpago que ves es una enorme descarga de electricidad. Un rayo es creado por la atracción entre cargas opuestas. Esta es la misma fuerza que genera electricidad estática. Como los electrones giran dentro de una nube o hacia el suelo, calientan el aire alrededor de ellos. Esto crea la luz que vemos en un rayo. Lo que estás viendo es el camino que siguió la electricidad.

▲ *La descarga de un rayo contiene suficiente energía para iluminar una bombilla de 100 vatios durante tres meses.*

▲ *Los rayos son atraídos por los conductores (en el edificio más alto en el centro de esta fotografía). Así evitamos que el rayo golpee a los edificios cercanos y a las personas.*

Descubrimiento

Benjamin Franklin (1706–1790) fue un inventor norteamericano. Él descubrió que un rayo era una descarga eléctrica gigante. Durante una tormenta, voló una cometa con una llave de metal en el extremo de la cuerda. Un rayo bajó por la cuerda y creó una chispa en la llave. Entonces Franklin inventó el pararrayos, que son los **conductores** de metal que sobresalen de construcciones y edificios y que llevan el rayo hasta el suelo.

ENERGÍA EN UN DESTELLO

El experimento de Benjamin Franklin con la cometa era peligroso. Nunca deberías intentarlo. El rayo siempre busca el camino más rápido hacia la Tierra. Fluirá a través de cualquier material que conduzca la electricidad. Esto incluye el cuerpo humano.

Todo sobre electricidad y magnetismo

El magnetismo es una fuerza invisible. Algunos materiales lo emiten. La fuerza magnética a veces se usa junto con la electricidad. Se utiliza para hacer los motores eléctricos. Estos proporcionan la energía para muchas de las máquinas y herramientas que usamos.

Magnetismo

Un imán atrae sustancias que contienen hierro y níquel. Cada imán tiene un polo norte y un polo sur.

◀ *Esta limadura de hierro es atraída por el imán.*

Electroimanes

Si una corriente eléctrica pasa por un alambre, esta crea un campo magnético. Enrolla un alambre en una barra de hierro. Ahora, al pasar la corriente por el alambre, el campo magnético se hace cada vez más fuerte. Esto es un electroimán. Este funciona igual a un imán, pero hay una gran diferencia. Si detienes el flujo de corriente, el campo magnético también desaparece.

Motores eléctricos

Un **motor eléctrico** utiliza un electroimán. Utiliza el **magnetismo** para convertir energía eléctrica en energía mecánica.

Esta es la energía que hace que las cosas se muevan. En el motor, un imán se coloca cerca de un electroimán. Los dos imanes interaccionan. Se crea un movimiento de tracción y empuje. Esto genera un movimiento que hace trabajar al motor.

▲ *Algunos trenes flotan sobre un campo magnético. Los electroimanes impulsan y frenan el tren.*

Capítulo tres

Produciendo electricidad

La electricidad se produce convirtiendo otras formas de energía en energía eléctrica. Esto es lo que hacen las centrales eléctricas. Allí se queman combustibles como el carbón y el petróleo. Esto impulsa máquinas llamadas generadores. Estas máquinas producen la electricidad.

► *Las centrales eléctricas nucleares producen mucha energía y usan pequeñas cantidades de combustible.*

A TODA HORA

Las centrales no pueden almacenar la electricidad que producen. Trabajan veinticuatro horas al día, todos los días del año. Si no lo hicieran, no habría suficiente electricidad.

De vapor a electricidad

Muchas centrales eléctricas utilizan el carbón. El carbón se quema para calentar agua y convertirla en vapor. La fuerza del vapor mueve grandes aspas de unos ventiladores. Estos están conectados a un eje que después mueve un **generador**. Además, imanes dan vueltas dentro del generador. Esto hace que los electrones salten a través de las bobinas de alambre de cobre para producir una corriente eléctrica. Para producir electricidad se pueden usar distintos combustibles. No importa qué combustible se utiliza, la electricidad producida es igual.

▶ *¿Qué combustibles se usaron más para producir electricidad en EE. UU. en 2005?*

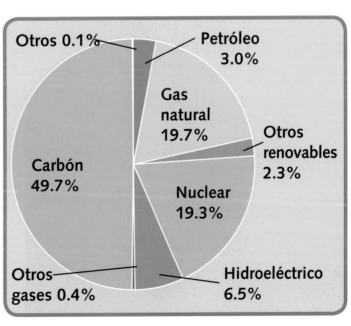

Otros 0.1%
Petróleo 3.0%
Gas natural 19.7%
Otros renovables 2.3%
Carbón 49.7%
Nuclear 19.3%
Otros gases 0.4%
Hidroeléctrico 6.5%

Transportar electricidad

La electricidad es producida y luego es enviada a donde sea necesaria. Es transportada fuera de la central eléctrica mediante alambres y cables. Estos alambres y cables llevan la energía a las casas y negocios.

La red

Los cables y los alambres que llevan electricidad atraviesan el país. Se conocen como la **red** eléctrica. Corren bajo tierra, por encima del suelo e incluso debajo de los océanos. Los cables que van por encima del suelo cuelgan de postes altos. En algunos lugares, se sustituyen los postes por torres altas.

◀ *Las torres altas, llamadas torres de alta tensión, soportan los cables eléctricos. La electricidad puede ser transportada a todo el país.*

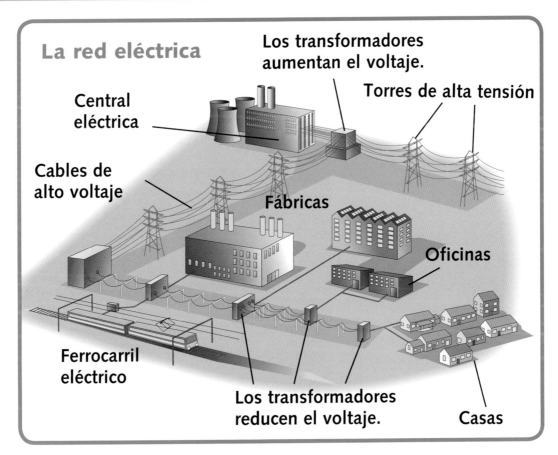

La red eléctrica

Los transformadores aumentan el voltaje.

Central eléctrica

Torres de alta tensión

Cables de alto voltaje

Fábricas

Oficinas

Ferrocarril eléctrico

Los transformadores reducen el voltaje.

Casas

▲ *Las centrales eléctricas producen la electricidad. La electricidad viaja a través de cables para proveer energía a fábricas, negocios y casas.*

Voltaje

La potencia de la electricidad que sale de la central eléctrica es muy poderosa. Se conoce como alta tensión. Esta es demasiado fuerte como para ser usada con seguridad en casas y escuelas. Así que la electricidad se detiene en una subestación. Aquí, la tensión se reduce en una máquina que se llama **transformador**. La electricidad es transportada a pueblos, villas y ciudades. Es segura de usar.

¡MUY RÁPIDA!

La electricidad se mueve a la velocidad de la luz. ¡La luz se mueve a más de 186,000 millas (300,000 kilómetros) por segundo!

De la subestación al hogar

En la subestación, la tensión se reduce. Luego, la electricidad sigue su camino. Desde aquí, la electricidad fluye a fábricas, escuelas y empresas. Antes de que la electricidad llegue a tu casa, pasa por un metro o contador. Este medidor registra cuánta electricidad se gasta en tu casa.

Segura de usar

Mira hacia afuera de tu casa o apartamento. Seguro puedes ver un poste eléctrico con una pequeña caja al lado. Este es un pequeño transformador. Reduce aún más la tensión antes de que se utilice en tu casa.

▶ *La electricidad producida en una central eléctrica viaja muchas millas en cables como estos.*

LA ELECTRICIDAD Y EL TIEMPO

Las tormentas fuertes y el tiempo helado pueden dañar los postes eléctricos. Esto puede parar el flujo de electricidad. Pero en algunos sitios, los cables son subterráneos. Esto los protege del mal tiempo y ayuda a evitar apagones.

Preparados y esperando

Un cable conecta tu casa a la red que lleva electricidad desde la central eléctrica. Los cables van por dentro de las paredes hasta los tomacorrientes. La electricidad siempre espera en los cables. Si movemos el interruptor, el circuito se cierra y la electricidad fluye. Para completar el circuito, otros cables llevan la corriente eléctrica hacia la central eléctrica.

Capítulo cuatro

Todo en un circuito

Al pulsar un interruptor, esto puede iniciar o detener el flujo de electricidad. La electricidad utilizada en los hogares fluye a lo largo de un alambre en un circuito. Un circuito es como un círculo. Si pulsas, haces girar, o mueves el interruptor, esto abre o cierra el circuito. Si hay una interrupción en el circuito, los electrones no pueden saltar de un átomo a otro. No hay energía. Cuando no hay ninguna interrupción, los electrones pueden saltar. Entonces la electricidad fluye hacia el objeto conectado al circuito.

¿Cómo hacer un circuito?

Un circuito eléctrico necesita:
- Una fuente de energía eléctrica (esto podría ser una central eléctrica o una batería)
- Un material que conduzca la electricidad (esto puede ser un alambre de cobre)
- Algo que hace el trabajo (esto podría ser un bombillo)

El circuito está conectado en un lazo o círculo. Entonces, la fuente de energía empuja a los electrones alrededor del alambre. Se enciende el bombillo y continúa en el circuito hasta que se interrumpe. Un circuito simple enciende un bombillo. Otros circuitos más complicados pueden tener varios interruptores y subcircuitos. Esto permitiría a diferentes grupos de luces ser activados o desactivados al mismo tiempo.

Circuito simple

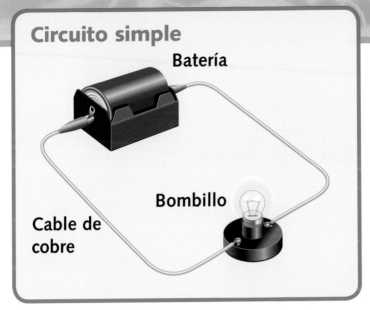

Batería

Bombillo

Cable de cobre

◀ *Este circuito simple es de un bombillo.*

Circuito en serie

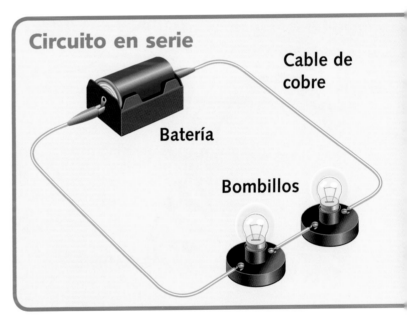

Cable de cobre

Batería

Bombillos

▶ *La electricidad en un circuito en serie tiene solamente una ruta. Proporciona energía a más de una carga eléctrica al mismo tiempo.*

Circuito en paralelo

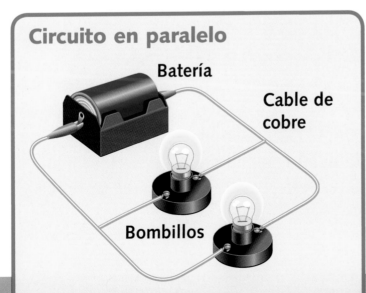

Batería

Cable de cobre

Bombillos

◀ *En un circuito en paralelo la electricidad pasa por distintos caminos para proporcionar energía a muchas cargas.*

Baterías

La electricidad es empujada a través de un circuito por una fuente de alimentación. Esta fuente puede ser una batería. Una batería es un pequeño almacén de electricidad. Además, es fácil de transportar. Piensa en las cosas que utilizan baterías. Una radio, un equipo de música y una calculadora son solo algunas de ellas.

◀ *Las baterías modernas pueden ser muy pequeñas. ¡Algunas son tan pequeñas como la punta de un lápiz!*

INVENTANDO BATERÍAS

En 1780, el científico Luigi Galvani examinó una rana muerta. La tocó con dos varillas de metal. La rana se torció y liberó una corriente eléctrica. Galvani creyó que esto fue causado porque la rana contenía electricidad. Otro científico, Alessandro Volta, no estuvo de acuerdo. En 1800, demostró que la electricidad provenía del contacto de los metales con la humedad de la rana. Volta diseñó la primera batería.

Funcionamiento de una batería

Una batería tiene sustancias químicas en su interior. La batería está conectada a un circuito. A continuación, los productos químicos dentro de la batería reaccionan. Esto empuja a un flujo de electrones dentro del circuito.

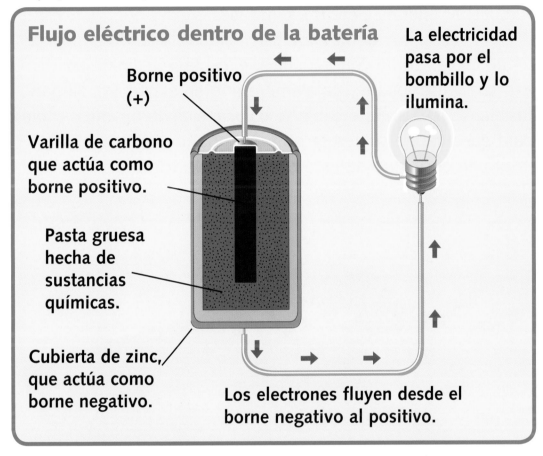

Flujo eléctrico dentro de la batería

La electricidad pasa por el bombillo y lo ilumina.

Borne positivo (+)

Varilla de carbono que actúa como borne positivo.

Pasta gruesa hecha de sustancias químicas.

Cubierta de zinc, que actúa como borne negativo.

Los electrones fluyen desde el borne negativo al positivo.

▲ *Una reacción química produce la energía eléctrica de la batería.*

¡Se acabó la batería!

Las baterías mueren cuando sus productos químicos se agotan. Estos se pueden recargar en algunas baterías conectándolas a un circuito eléctrico. Los productos químicos dentro de las baterías te pueden quemar. Cuando una batería esté muerta, dásela a un adulto, para que se deshaga de ella sin peligro.

Circuitos caseros

Varios circuitos llevan la electricidad a diferentes áreas de tu casa. Un horno utiliza mucha energía eléctrica, por lo que tiene un circuito propio. Otro circuito alimenta las salidas en que pones los enchufes. Este circuito también puede suministrar energía eléctrica a las luces.

A veces, hay demasiada electricidad fluyendo a lo largo de un cable. Como consecuencia, el cable se calienta en exceso. Si esto ocurre, un alambre fino en el circuito, llamado fusible, se derrite. Este cable se coloca lejos de los otros cables para que cuando se derrita no provoque un incendio. La rotura en el circuito detiene el flujo de electricidad.

▲ *Una cocina tiene su propio circuito en la casa porque usa mucha energía eléctrica.*

MIDIENDO LA ELECTRICIDAD

Los voltios (V) miden el voltaje de la corriente eléctrica.
Los vatios (W) miden la potencia de la electricidad.
Los amperes (A) miden la intensidad de la corriente.

Una caja de fusibles es una caja de metal encontrada en muchos hogares. Su trabajo es controlar la energía eléctrica que proviene de la central eléctrica. No es recomendable que demasiada electricidad llegue a un aparato determinado. Esto puede ser peligroso.

▶ *Los electricistas calificados arreglan los problemas de los circuitos eléctricos o los fusibles.*

▲ *Esta foto muestra los aislantes en una subestación.*

Conductores y aislantes

La electricidad puede fluir a través de una variedad de sustancias. Unas conducen mejor la corriente que otras. Estas se llaman sustancias conductoras. Los electrones se mueven a través de los conductores con mucha facilidad. Las sustancias como los metales y el agua son conductores buenos. Otras sustancia bloquean el flujo de la electricidad. Estas se llaman **aislantes**. Los aislantes bloquean el flujo porque sus electrones no se mueven libremente. El plástico y el cristal son aislantes.

¡Resiste!

La electricidad fluye a través de las sustancias a velocidades diferentes. Esto se llama **resistencia** eléctrica. El control de la resistencia al flujo de la corriente regula el volumen en una radio. Hacer girar la perilla de una radio aumenta o disminuye la longitud del alambre de cobre que tiene adentro. La corriente tiene que fluir más en un alambre largo y es más débil. Una corriente fuerte a lo largo de un alambre corto aumenta el volumen.

CUBIERTA ESPECIAL

Los cables se recubren de plástico. Esto mantiene a la corriente dentro de los cables.

Capítulo cinco

Usos de la electricidad

Sin electricidad, nuestra única fuente de luz sería la luz del Sol o la llama de una vela. No tendríamos agua caliente o calefacción central. La energía eléctrica es útil cuando la convertimos en calor o energía luminosa.

Mira un bombillo que no esté iluminado. Quizás puedas distinguir un alambre muy fino dentro de él. A ese alambre se le llama filamento. Los electrones tienen que presionar con fuerza para poder atravesar este alambre fino. El calor creado emite una luz brillante.

► *Este filamento tiene unos 6.5 pies (2 metros) de largo, pero solo tiene un grosor de una centésima de pulgada (0.025 cm).*

▲ *Un proceso que produce muchísimo calor es el arco eléctrico, que se utiliza para derretir metal y soldarlo.*

Muchas personas tienen calentadores y tostadoras eléctricas. Estos transforman energía eléctrica en energía térmica. Una corriente eléctrica fluye a través de los alambres y estos generan energía térmica. Los cables de la tostadora están revestidos con una sustancia que almacena y recopila calor.

UN KILOVATIO DE POTENCIA

Un kilovatio son mil vatios de electricidad. ¿Cuánta energía hay en un kilovatio? Hará funcionar el horno eléctrico durante 20 minutos. Hará funcionar la TV durante tres horas. Una bombilla de 100 vatios brillará durante 12 horas. Y un reloj eléctrico funcionará por tres meses.

Comunícate

Sin electricidad, no puedes hablar por teléfono, ni chatear en línea con un amigo. El teléfono, la internet, el correo electrónico y los teléfonos móviles utilizan electricidad. Esta increíble energía se utiliza actualmente en muchas formas de comunicación.

◄ *Desde los teléfonos móviles a la internet, la comunicación moderna depende de la electricidad.*

¡Imágenes que se mueven!

Una cámara de televisión convierte la luz y el sonido en ondas eléctricas. Nuestros televisores convierten esas ondas en señales de luz y sonido que se pueden ver en la forma de tu programa de televisión favorito.

Habla

En un teléfono, tu voz viaja a través de un micrófono en forma de ondas sonoras. Las ondas hacen presión contra una placa metálica y generan una corriente eléctrica. Esta pasa a un altavoz. La corriente entonces se convierte en vibraciones y ondas sonoras y las oímos en forma de sonidos.

La electrónica

La **electrónica** es el uso de dispositivos para controlar el movimiento de los electrones creando corrientes pequeñas.

Los **microchips**, se construyen con circuitos pequeños. Estos son utilizados en muchas máquinas tales como computadoras, lavadoras y calculadoras.

◀ *Las tarjetas de los circuitos electrónicos pueden tener varios microchips pequeños .*

En movimiento

Los autos eléctricos se han hecho más populares. No contaminan tanto el aire como los autos de combustibles fósiles.

◀ *Los autos eléctricos reducirían la contaminación en los horarios pico.*

Cómo está hecho un auto eléctrico

Un auto eléctrico tiene un motor eléctrico y baterías. Enchufas el coche cuando no estás conduciendo. Esta recarga las pilas, que almacenan la electricidad hasta que alguien conduce el coche otra vez. Entonces el motor absorbe energía de las baterías y transforma esa energía en energía mecánica. Esto mueve el auto.

SIN ELECTRICIDAD

Un día en el año 2003, hubo un apagón en partes de los Estados Unidos y Canadá. Esto significa que no tenían electricidad. Fue uno de los días más calurosos del año. Más de 50 millones de personas estaban sin luz. No tenían aire acondicionado. Muchas empresas no pudieron abrir. El metro no funcionaba. Todo se paró.

▲ Un tranvía funciona como parte de un circuito eléctrico. La electricidad fluye desde los cables que pasan por arriba a los postes y hasta los comandos del chofer. La electricidad fluye por el motor y hasta la línea del tranvía.

Capítulo seis

La electricidad y tu mundo

Las temperaturas están subiendo en el mundo. Los glaciares se están derritiendo. Y cada día hay más condiciones del tiempo extremas, como huracanes e inundaciones, afectando a la Tierra. Esto es debido al **calentamiento global**. La contaminación es una de sus causas. La electricidad no contamina, pero sí algunos de los combustibles que usamos para producirla.

▲ *Condiciones meteorológicas severas como los huracanes y tornados parecen ocurrir con más frecuencia en los últimos años. Muchos expertos y científicos culpan al calentamiento global.*

▲ *El Toyota Prius es el primer auto híbrido (que significa "mezcla") producido a gran escala. Puede cambiar de combustible sobre la marcha, de gasolina a electricidad.*

Ahorrando energía

Debemos reducir la cantidad de electricidad que usamos. Esto reducirá la **contaminación.** La electricidad no contamina pero sí contamina la quema de combustibles necesaria para producirla.

Una celda de combustible usa los gases oxígeno e hidrógeno y transforma la energía de estos gases en electricidad. ¡El único desecho es agua! ¿Pudiera esto tomar el lugar de las baterías? Para producir baterías regulares se necesita mucha energía.

HACIENDO UN CAMBIO

Solo el 10 por ciento de la energía consumida por un bombillo se usa para producir luz. El resto se cede como calor. Las luces compactas fluorescentes (CFLs) usan un cuarto de la energía usada por bombillos regulares. También duran ocho veces más. Imagínate que cada casa cambiara un bombillo regular por un CFL. ¡Esto ahorraría tanta electricidad como para iluminar la ciudad de Sacramento, en California, por casi dos años!

▲ *Los combustible como el carbón no son renovables.*

¿Energía limpia?

Parte de la energía es producida usando recursos que no se acaban, como el viento, el Sol y el movimiento de las olas. A esto se le llama energía renovable y produce electricidad renovable. De esta manera podemos ahorrar combustibles fósiles y reducir la contaminación.

El carbón, el gas natural y el petróleo son llamados combustibles fósiles. Se formaron en la Tierra durante millones de años. Sin embargo, estamos gastándolos muy rápido. Un día se acabarán. Estos combustibles se llaman no renovables.

ENERGÍA NUCLEAR

La electricidad puede producirse con combustible nuclear. Como el uranio. La electricidad producida de esta forma causa muy poca contaminación. Sin embargo, esta sustancia puede ser muy peligrosa. Puede usarse para hacer armas nucleares. Tampoco existe una manera segura de manejar sus desechos.

Desde la basura hasta las olas, los combustibles renovables pueden generar electricidad sin crear mucha contaminación. El calor del Sol calienta espejos. Este calor transforma el agua en vapor. El vapor mueve un generador que produce electricidad.

La biomasa es otro recurso renovable que se puede usar para producir electricidad. La biomasa es el nombre que damos a cosas como restos de madera y basura. Al quemarse, este material produce calor y vapor. Estos hacen girar **turbinas** gigantes y crean electricidad.

▼ *Se está haciendo muy común usar el poder del viento para generar electricidad.*

El futuro

Para proteger al planeta debemos ahorrar nuestros recursos. Esto incluye la electricidad y los recursos conque se produce. Al mismo tiempo, los científicos descubren nuevas formas de usar la electricidad. Algunos de estos usos son extraordinarios.

Los científicos están desarrollando aparatos cada vez más pequeños, usando la nanotecnología. Se pueden poner aparatitos pequeños en tu ropa para que puedas disfrutar de tu música preferida. Puedes bajar información a una pantalla tan delgada como la superficie del agua, usando "tinta electrónica". Imágenes formadas por pequeñas bolitas blancas y negras, cargadas, flotan hacia arriba y hacia abajo en un líquido.

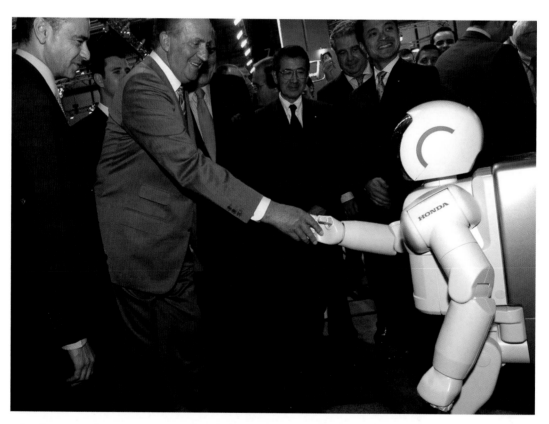

▲ *Los robots se están haciendo más populares. En Japón, hay una nueva generación de robots, usados en labores de oficina y para limpiar las casas.*

¿RECURSOS PARA TODOS?

En los Estados Unidos vive menos del 5 por ciento de la población mundial. Pero el país usa un cuarto de los recursos energéticos del mundo. Muchas personas que viven en países más pobres no tienen acceso a la electricidad. Caminan millas para llegar a las escuelas y estudian a la luz de las velas. Además, son las personas más afectadas por las condiciones severas del tiempo causadas por la contaminación.

Glosario

aislante — sustancia que no conduce la electricidad

átomo — partícula más pequeña de la materia

calentamiento global — calentamiento gradual del clima terrestre

central eléctrica — fábrica donde se produce electricidad

circuito — lazo o círculo ininterrumpido por donde fluye la electricidad

conductor — sustancia que conduce la electricidad

contaminación — ensuciar la tierra, el aire o el agua

corriente eléctrica — flujo de cargas eléctricas

electricidad estática — ocurre en las superficies de las sustancias cuando hay un desbalance de cargas eléctricas

electrón — partícula dentro del átomo que tiene carga negativa

electrónica — control del flujo de electrones para crear microcorrientes

energía — habilidad de hacer trabajo

generador — máquina que convierte energía mecánica en eléctrica

magnetismo — fuerza invisible en sustancias que pueden atraer o repeler otras

materia — sustancia de la que están hechas todas las cosas, está compuesta por átomos y moléculas

microchip — pieza muy pequeña de silicona con circuitos impresos

motor eléctrico — motor que transforma la electricidad en movimiento

neutrón — partícula del átomo, no tiene carga eléctrica

protón — partícula dentro del átomo, tiene carga positiva

reacción química — cuando los átomos se reorganizan para formar moléculas de sustancias nuevas

red — red de cables y alambres que llevan electricidad a todo el país

resistencia — manera en que un circuito se resiste al paso de la corriente eléctrica

transformador — dispositivo para reducir la potencia y el voltaje de la corriente eléctrica

turbina — motor movido por agua, vapor o gas, cuando pasan por las aspas de una rueda y la hacen girar

vatio — medida de la potencia de la corriente eléctrica

voltaje — medida del empuje de la corriente eléctrica

Más información

Libros

Electricity. Steve Parker and Laura Buller. DK Publishing, 2005.

Electricity and Magnetism. Gerard Cheshire. Smart Apple Media, 2006.

Electricity and the Lightbulb. James Lincoln Collier. Benchmark Books, 2005.

Shocking World of Electricity with Max Axiom, Super Scientist. Liam O' Donnell. Capstone Press, 2005.

Sitios de la internet

www.eia.doe.gov/kids/energyfacts/sources/electricity.html
Energy Information Administration
This site has a section for kids, which has information on electricity. It also has activity and puzzle pages.

www.southerncompany.com/learningpower/home.asp?mnuOpco=soco&mnuType=lp&mnuItem=oc
Southern Company
This site gives you the history of electricity, and looks at today's power plants.

www.pge.com/microsite/PGE_dgz/body/concepts.html
Pacific Gas and Electric Company
This site shows simply how electricity occurs, along with other electricity facts.

www.sciencemadesimple.com/static.html
Science Made Simple
This site explains static electricity in detail.

www.andythelwelwell.com/blobz/
A guide to electrical circuits.

Índice

Exploremos la ciencia

Enciende la Luz

Cómo funciona la electricidad

La ciencia nos ayuda a entender el mundo que nos rodea. Descubre el mundo físico con estos informativos y apasionantes libros.

¿Qué ocurre cuando enciendes la luz? ¿De dónde viene la electricidad? Encuentra las respuestas a estas y otras preguntas, mientras exploras el fascinante mundo de la electricidad.

Para buscar otros libros
tan interesantes como este,
visite: www.rourkeeducationalmedia.com

ISBN 978-1-6271-7306-3

9 781627 173063

Rourke
Educational Media

rourkeeducationalmedia.com

PUTREFACCIÓN Y DESCOMPOSICIÓN

DESPERDICIOS Y RECICLAJE

CIENCIA **DE LA VIDA**

PUTREFACCIÓN Y DESCOMPOSICIÓN

Una historia de muerte, carroñeros y reciclaje

Sarah Levete

Rourke
Educational Media
www.rourkeeducationalmedia.com

www.rourkeeducationalmedia.com

PHOTO CREDITS: p. 22: Alexsander Bolbot/ istockphoto.com; p. 40: The Bridgeman Art Library/Getty Images; p. 34: British Polythene Industries plc; p. 6: Alexander Chelmodeev/ istockphoto.com; pp. 9, 23, 43: Corbis; p. 26: Andriy Doriy/istockphoto.com; p. 25: Nicole Duplaix/Getty Images; p. 27: Chris Fairclough; pp. 10, 14: Chris Fairclough/CFWImages. com; p. 5: Rebecca Grabill/istockphoto.com; pp. 7, 18, 20, 28: istockphoto.com; p. 37: Ben Luxmoore/Arcaid/Corbis; p. 4: Bradley Mason/istockphoto.com; p. 17: Peter Miller/ istockphoto.com; p. 19: Mark Moffett/Minden Pictures/FLPA; p. 39: NASA; p. 35: Edward Parker/EASI-Images/CFWImages.com; p. 16: Michael Pettigrew/istockphoto.com; p. 21: Photodisc; p. 31: Amanda Rohde/istockphoto.com; p. 29: Brendan de Suza/istockphoto. com; p. 33: Svensk Biogas; p. 32: Jacob Taposchaner/Getty Images; p. 24: Harold Tjostheim/ istockphoto.com; p. 41: Emrah Turudu/ istockphoto.com; p. 42: Beverley Vycital/ istockphoto.com; p. 12: Nathan Watkins/ istockphoto.com; p. 13: Bert van Wijk/ istockphoto.com.

Cover picture shows a fly feeding on decaying fruit [istockphoto.com].

Produced for Rourke Educational Media by Discovery Books
Editors: Geoff Barker, Amy Bauman, Rebecca Hunter
Designer: Ian Winton
Cover designer: Keith Williams
Illustrator: Stefan Chabluk
Photo researcher: Rachel Tisdale

Editorial/Production services in Spanish
by Cambridge BrickHouse, Inc.
www.cambridgebh.com

Levete, Sarah.
Putrefacción y descomposición / Sarah Levete.
  ISBN 978-1-62717-332-2 (soft cover - Spanish)
  ISBN 978-1-62717-542-5 (e-Book - Spanish)
  ISBN 978-1-61236-232-8 (soft cover - English)

Rourke Educational Media
Printed in the United States of America,
North Mankato, Minnesota

Also Available as:

Rourke Educational Media

www.rourkeeducationalmedia.com

customerservice@rourkeeducationalmedia.com • PO Box 643328 Vero Beach Florida 32964

CONTENIDO

CAPÍTULO UNO
VIDA Y MUERTE

Mira a tu alrededor en un parque o un jardín. Algunas plantas están creciendo. Otras se están muriendo y se empiezan a desintegrar, o pudrir. Esto significa que se desbaratan en partes pequeñas, o se **descomponen**. El mismo proceso les sucede a los animales. Nacen, crecen, mueren y se descomponen. Solo que esto no es siempre tan fácil de ver.

Muchos objetos manufacturados (hechos por el hombre), como los juguetes de plástico, están hechos de materiales que no se pudren. Estos objetos y otros materiales, como el metal de una lata, pueden ser **reciclados** y convertidos en otra cosa.

En pocas semanas, este corazón de manzana habrá desaparecido. Los insectos se comerán parte de él. El resto será descompuesto en partes pequeñas. Estas volverán al suelo.

Las cosas naturales, como las hojas, se pudren y regresan al suelo. Los objetos manufacturados, como este vaso de poliestireno, toman mucho más tiempo para descomponerse.

Este libro explica el proceso de descomposición y detalla cómo la naturaleza limpia los restos de animales y plantas muertas y lo que hace con esos restos. Pero no podemos hablar solo de descomposición en el mundo natural. Este libro también te cuenta qué les pasa a los objetos manufacturados cuando ya no son útiles.

El ciclo natural

Todo lo que vive finalmente muere. Algunos animales y plantas mueren por enfermedad o de viejos. Otros son comidos por otros animales. La naturaleza tiene un ejército de ayudantes para limpiar los desperdicios.

¡Abran paso!

La vida de muchos seres vivos depende de la muerte de otros. Imagínate si los animales y las plantas no murieran. No habría suficiente espacio o comida para que nuevas plantas y animales crecieran. La muerte de plantas y animales hace posible que nuevas vidas prosperen.

Las plantas y árboles viejos mueren para dar paso a plantas nuevas, como este roble joven.

Las moscas propagan enfermedades, pero sus larvas se alimentan de los cadáveres descompuestos de plantas y animales.

Recicladores de la naturaleza

La naturaleza ha estado reciclando durante millones de años. Los restos de animales y plantas se pudren y se desintegran en un proceso llamado descomposición. Las plantas y los animales descomponedores se comen los residuos naturales. Los residuos naturales provienen de lo que estuvo vivo alguna vez. A esto se llama **materia orgánica**. Los descomponedores desintegran los residuos y liberan **sustancias químicas** en el **ambiente**. Estos productos químicos proporcionan energía y alimentos, llamados **nutrientes**, a otras plantas y animales.

Equilibrio

Un **ecosistema** es el equilibrio entre una comunidad de animales y plantas y su entorno. La descomposición es parte de ese equilibrio. A través de la descomposición, la naturaleza recicla desechos naturales constantemente, como las hojas podridas. Así, la próxima vez que camines sobre un montón de hojas húmedas, ¡recuerda que estás viendo trabajar a la naturaleza!

La cadena alimentaria

Una **cadena alimentaria** también ayuda a equilibrar el ecosistema. Una cadena alimentaria transfiere energía alimenticia de un animal o planta a otra. Cuando un animal come algo, forma parte de una cadena alimentaria. Por ejemplo, las plantas verdes producen alimentos a partir de la luz solar. Este proceso se denomina fotosíntesis.

Las plantas absorben el dióxido de carbono, lo transforman en azúcar y emiten oxígeno como un producto de desecho. Los animales herbívoros se alimentan de las plantas y de la energía de las plantas. Esto pasa al siguiente animal que se come al animal herbívoro y así sucesivamente.

La cadena alimentaria

Los camarones comen algas de una laguna, los sapos comen camarones y los peces comen ranas. Esto es un ejemplo de una cadena alimentaria en una laguna.

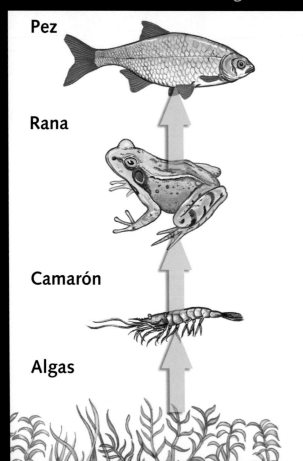

Pez

Rana

Camarón

Algas

Estas secuoyas gigantes forman parte del complejo balance de animales y plantas llamado ecosistema.

Los descomponedores son también parte de la cadena. Cuando los descomponedores atacan a los animales y plantas muertas, también absorben parte de sus alimentos. El resto está descompuesto en nutrientes, como el nitrógeno. Estos retornan al suelo. Mientras tanto, el gas dióxido de carbono es liberado a la atmósfera. Los nutrientes liberados ayudan a crecer a otras plantas y proporcionan alimento a otros animales.

Descomponer para respirar

La Tierra no puede sobrevivir sin oxígeno y dióxido de carbono. El flujo de estos gases depende de los descomponedores. Los descomponedores desintegran la materia muerta. Transforman el carbono almacenado en los residuos en dióxido de carbono. El gas es liberado a la atmósfera junto con el oxígeno que se produce como resultado del trabajo de los descomponedores.

CAPÍTULO DOS

TODO SOBRE LA BASURA

Una bolsa de patatas fritas es útil para portar las patatas fritas. Una vez que te comes las papitas, tiras la bolsa. Las cosas que botas son basura.

Tipos de basura

La mayoría de la basura es sólida. Esto incluye cosas como recipientes de plástico o los restos de un sándwich. La basura también puede ser líquida, como los lubricantes. A veces la basura puede incluso ser un gas.

La basura regada atrae a animales portadores de enfermedades, como las ratas.

¿Cuánta basura?

Esta gráfica muestra la cantidad de basura producida
en Estados Unidos en 2005

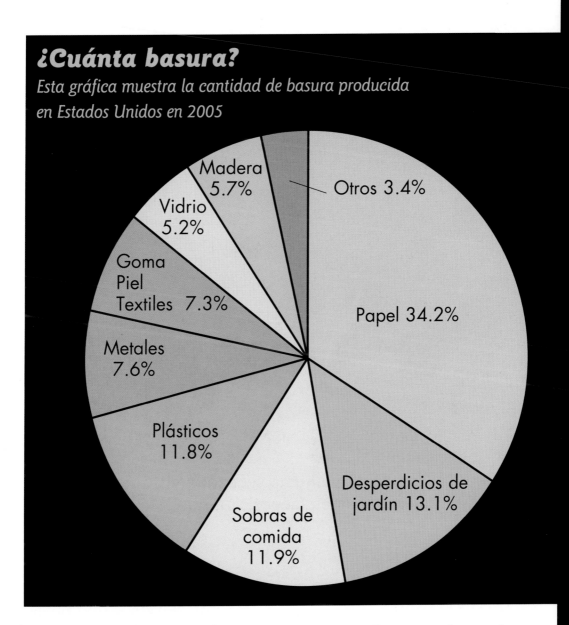

- Madera 5.7%
- Vidrio 5.2%
- Goma Piel Textiles 7.3%
- Metales 7.6%
- Plásticos 11.8%
- Sobras de comida 11.9%
- Otros 3.4%
- Papel 34.2%
- Desperdicios de jardín 13.1%

Algunos residuos pueden ser venenosos. Estos se denominan
residuos **peligrosos**. Deben eliminarse con cuidado.

Montones de basura

En la escuela, en casa y en el trabajo, utilizamos muchas cosas.
Comemos muchos tipos de alimentos. Cuanto más utilizamos,
más basura creamos. Los científicos predicen que en los
próximos años, cada norteamericano continuará generando
unos 4.5 kilos de basura, ¡al día! La ciudad de Nueva York crea
suficiente basura cada día como para llenar el Empire State.

Las moscas ya han comenzado el proceso de descomposición aquí.

¿Qué se pudre?

¿Cuál es la diferencia entre el material natural, orgánico y el material hecho por el hombre? Toma una patata y una bolsa de plástico, por ejemplo. La patata se pudre rápidamente. La bolsa de plástico tarda cientos de años.

TIEMPO DE DESCOMPOSICIÓN

Cáscara de naranjas: 6 meses

Hoja de papel: de 2 a 5 meses

Bolsas plásticas: 500 años

¿Se pudre o no?

Las hojas de los árboles o las cáscaras de plátano son materiales naturales, orgánicos. Son **biodegradables**. Esto significa que se pudren con el tiempo. El equipo de reciclaje de la naturaleza ayuda a aumentar la velocidad del proceso.

Los objetos artificiales, como las computadoras, están hechos de materiales manufacturados. Algunos de ellos toman mucho tiempo para descomponerse. Otros no se descomponen. Cuando una computadora deja de funcionar, ¿cómo nos deshacemos de ella?

Hecho para durar

Muchas cosas que utilizamos hoy en día están destinadas a durar. Están hechas de materiales que son difíciles de romper. Por ejemplo, es importante que materiales tales como el hormigón duren mucho tiempo, de lo contrario las casas se desmoronarían.

Los ordenadores contienen algunos materiales **tóxicos**. Botarlos es peligroso, por tanto las compañías los pueden reciclar. Rompen los ordenadores para hacer nuevos.

¿Qué pasa con la basura?

Un equipo de basureros recoge tu basura. Gran parte de la basura es llevada a un vertedero. Esto es un gran agujero en el suelo. Allí, las excavadoras aplanan montones de basura. Finalmente la basura aplastada se cubre con capas de suelo.

Los vertederos tienen problemas. Por ejemplo:
- Atraen ratas y otros animales portadores de enfermedades
- Huelen mal
- Los residuos liberan un gas que puede causar explosiones
- El veneno de algunas de las basuras podridas se filtra en el suelo o en ríos cercanos

Casi toda la basura de los latones termina en enormes pilas en los basureros.

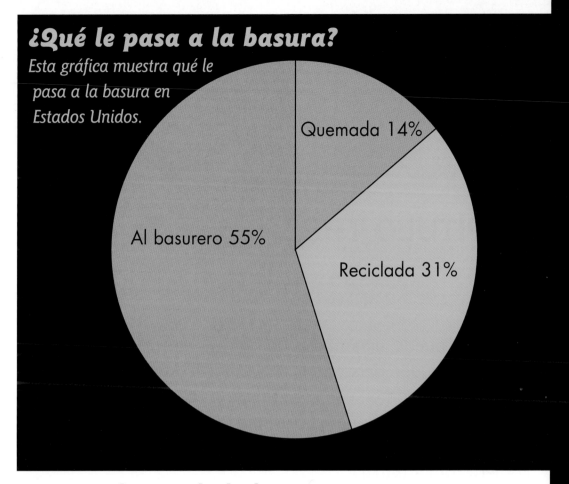

¿Qué le pasa a la basura?

Esta gráfica muestra qué le pasa a la basura en Estados Unidos.

Quemada 14%

Al basurero 55%

Reciclada 31%

Otros peligros de la basura

La basura se quema en grandes **incineradores**. Sin embargo, la quema de basura libera gases tóxicos en el aire. Botar basura en el mar libera venenos en el agua.

Y existe el peligro de la basura en el **medioambiente**. Por ejemplo, una bolsa de plástico flotando en un río se ve fea, pero también puede ser mortal. La vida silvestre puede enredarse en una bolsa de plástico. Si se deja basura por todas partes, los animales se la pueden comer y esto puede matarlos.

Soluciones e ideas sobre la basura

Los residuos de la cocina y el jardín pueden ser utilizados para hacer suelo sano. Mira las páginas 28-29. La basura va en contenedores especiales y se recicla. Infórmate en la página 32.

CAPÍTULO TRES

LOS DECOMPONEDORES

Un buitre puede alimentarse de una cebra muerta. Una cucaracha puede darse un festín con trozos de carne. Los animales que comen carne de animales muertos se denominan carroñeros. Los carroñeros corroen las partes grandes del cuerpo de los animales. Luego otros descomponedores comenzarán a trabajar.

Las cucarachas aman los residuos. Ellas son descomponedores importantes de la naturaleza, devorando los restos vegetales o animales que puedan encontrar.

La hiena carroñera

La hiena es un carroñero bien equipado. Su agudo sentido del olfato la ayuda a encontrar cadáveres. Entonces, con sus afilados dientes, la hiena parte los huesos. Finalmente, la hiena tiene ácidos especiales en su estómago. Estos ácidos la ayudan a digerir los huesos duros.

Limpiando

Los buitres ayudan a mantener las calles limpias. En algunas partes del mundo, la gente no come carne. Allí, los buitres devoran los cadáveres de las vacas. Esto ayuda a que los animales transmisores de enfermedades, como las ratas, no se acerquen. Los **carroñeros** también trabajan en el océano. Los tiburones patrullan el océano buscando peces muertos para alimentarse. El pez rémora se adhiere a otras criaturas marinas, como los tiburones. Desde esta posición, se comen lo que deja el tiburón.

Los agricultores y jardineros a menudo consideran a las babosas como plagas. Es cierto que comen plantas y semillas, pero también hacen un trabajo importante descomponiendo materia orgánica.

Descomponedores diminutos

Las moscas, babosas, escarabajos, hormigas y gusanos son descomponedores muy importantes. Muchos descomponedores pequeños viven en lugares húmedos y oscuros, como un montón de hojas fangosas rodeadas de material muerto. Estas pequeñas criaturas mastican trozos de hojas, animales muertos o madera muerta. Algunos dejan excrementos que proporcionan alimento para otros descomponedores.

GUSANOS RETORCIDOS

El suelo necesita humedad, aire y nutrientes saludables. Los gusanos pueden ayudar. En primer lugar, mantienen el suelo saludable aflojándolo y añadiendo aire a medida que excavan un túnel. Luego, se alimentan de materia orgánica. Esto hace que sus residuos, llamados humus, estén llenos de nutrientes. Todo esto pasará al suelo.

Escarabajos enterradores

El escarabajo enterrador americano entierra animales muertos y luego se los come. Un macho y una hembra entierran a un animal muerto, por ejemplo, un ratón. Luego le quitan la piel o pelaje. Después, la hembra excava un túnel cerca del cuerpo putrefacto y pone sus huevos. Cuando los huevos eclosionan, los jóvenes escarabajos enterradores tienen alimento. Se comen el resto del cuerpo muerto.

Este escarabajo enterrador americano ayuda a limpiar cuerpos muertos. Sin embargo, estos insectos son ahora una especie en peligro de extinción porque hay muy pocos.

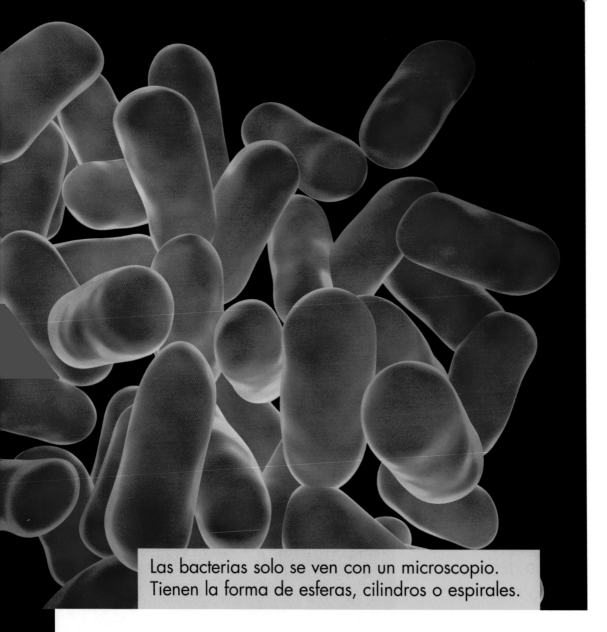

Las bacterias solo se ven con un microscopio.
Tienen la forma de esferas, cilindros o espirales.

Después que terminan los carroñeros grandes, les toca el turno a las criaturas más pequeñas. Los descomponedores son llamados **bacterias** y **hongos**. También se alimentan de materia orgánica. Liberan productos químicos que descomponen la materia y liberan sus nutrientes. Algunos nutrientes, como el nitrógeno y el magnesio, proporcionan energía para los descomponedores. Algunos de ellos regresan al suelo. Esto suministra alimento a las plantas. Otros, como el carbono, son liberados en la atmósfera.

HONGOS EN EL SUELO

Una cucharada de un suelo de jardín saludable contiene millones de bacterias y cerca de un millón de hongos.

Bacteria

Las bacterias son pequeños **organismos** de una sola célula. Son demasiado pequeños para ser vistos con el ojo. De hecho, 20,000 bacterias puestas unas a continuación de la otra medirían menos de una pulgada.

Hongos

Los hongos son otro tipo de organismo. Originalmente se pensaba que eran plantas. Pero a diferencia de las plantas, no pueden convertir la luz solar en alimentos. Deben comer otros organismos para alimentarse.

Los hongos son pequeñas estructuras filiformes que parecen espaguetis. Se propagan a través de la madera o el suelo. A veces producen cuerpos que podemos ver, como setas y hongos venenosos.

Existen más de 100,000 especies de hongos.

CAPÍTULO CUATRO

ALIMENTOS PARA LOS DECOMPONEDORES

Si ves un tronco podrido en el parque, míralo de cerca. Puede estar muerto, pero también puede estar lleno de vida. Troncos en descomposición o árboles caídos son **hábitats** excelentes para mamíferos, aves e incluso peces (si el tronco o el árbol cae en el agua). Como el árbol muerto se rompe en pedazos, regresa sus nutrientes al suelo. Esto crea un suelo sano que ayuda a crecer a los árboles nuevos.

Un ejército de descomponedores trabaja día y noche. Limpia el bosque de hojas caídas, madera muerta y animales muertos.

Casa de madera

Los árboles caídos o la madera muerta proporcionan viviendas a muchos animales. Los halcones se posan bien alto en ramas elevadas sin hojas. Desde allí, vigilan cualquier cosa que se mueva. Más abajo, los huecos de los árboles muertos o enfermos sirven como nidos a búhos, ardillas y otros animales pequeños.

Y, más abajo aún, la descomposición de troncos grandes crea casas para animales más pequeños, como las ranas.

La madera podrida es también una buena fuente de alimento. Los insectos y criaturas pequeñas como las babosas y caracoles se alimentan de ella. Pronto verás aves picoteando en la madera, alimentándose de los insectos que viven dentro. Los hongos y bacterias comen sus excrementos. En poco tiempo, la madera se descompondrá.

Un hueco en un árbol muerto es el mejor hogar para este mapache.

Estiércol

Muchos descomponedores comen desechos, llamados estiércol, hecho por otros animales. Por ejemplo, la mosca del estiércol vive y se cría en el estiércol de la vaca. El estiércol animal está realmente lleno de cosas buenas. Incluso los desechos de los descomponedores se pudren en el suelo.

2. La vaca produce desechos llamados estiércol.

1. La vaca come hierba.

3. Los nutrientes del estiércol hacen crecer la hierba sana.

El estiércol hace crecer la hierba

El suelo es una mezcla de pequeños trozos de rocas y residuos naturales. Los agricultores a veces le añaden al suelo desechos de sus animales, al que llaman abono. El estiércol está lleno de nutrientes que enriquecen el suelo. Una tierra rica en nutrientes ayuda al crecimiento de cultivos sanos.

Este escarabajo pelotero enrolla una gran bola de estiércol. La entierra y, a continuación, pone sus huevos en ella. Al eclosionar los huevos, los jóvenes escarabajos se alimentan del estiércol.

Las vacas producen mucho estiércol. En Australia, las vacas producían unas 331,000 toneladas de estiércol al día. Esto atrajo a miles de moscas. Finalmente, los científicos introdujeron el escarabajo al país. Los escarabajos se comieron los montones de estiércol.

ESTIÉRCOL COMO COMBUSTIBLE

¡El estiércol de cerdo puede transformarse en petróleo! Para hacer esto, la sustancia maloliente es calentada a altas temperaturas. Esto la convierte en un líquido que puede ser utilizado como combustible.

Este queso está mohoso, pero es perfectamente comestible. Las pintas azules de moho, son producidas por un hongo. Pero cuidado, ¡muchos hongos son venenosos.

Los alimentos frescos no duran. Si dejas una pera mucho tiempo, se pone suave y puede crecerle **moho** rápidamente.

Moho

El moho es un tipo de hongo. Puede ser blanco, azul, verde, amarillo, rosado, rojo o negro. Las mayoría de los mohos que crecen sobre alimentos como pan, queso, frutas y verduras, pueden contener venenos. Algunos quesos veteados de azul están hechos con un moho que es comestible.

Mantenerse saludables

A menudo puedes oler comida podrida o ver si está "echada a perder". La descomposición de los alimentos les cambia el color y puede tener un olor desagradable. Es importante no comer alimentos que se han echado a perder. Pueden hacerte daño.

Si estás enfermo, el médico puede darte medicamentos para curarte. Algunos medicamentos están hechos de mohos. Estos mohos matan las bacterias que te enfermaron.

Los medicamentos como la penicilina y otros antibióticos están hechos de hongos. Ellos atacan a las bacterias perjudiciales que causan enfermedades.

En un tanque de compost

En lugar de arrojar corazones de manzana o tapas de zanahoria a la basura, métetelos en un recipiente para hacer **compost**. El compost es una forma de reutilización de los residuos del jardín o la cocina. En un recipiente para compost, los residuos se descomponen rápidamente y regresan los nutrientes al suelo.

Los restos de alimentos crudos se descomponen pronto en un tanque de compost. Esto produce un suelo rico y húmedo que ayuda a crecer a las plantas.

DECOMPOSICIÓN

Para descomponerse rápidamente las cáscaras de papa necesitan:
- Humedad
- Oxígeno
- Calor
- Algunos descomponedores como las babosas y los escarabajos

MUCHAS CÁSCARAS DE PLÁTANO

Una persona bota 428 libras (194 kilogramos) de desechos naturales al año. Eso pesa lo mismo que unas 2,800 cáscaras de plátano.

Cuando lanzas un corazón de manzana en un recipiente para compost...

1. Pequeños organismos carcomen el corazón de la manzana.
2. Esto genera calor y ayuda a crecer a otros descomponedores.
3. Mientras se enfría el compost, los hongos comienzan a trabajar.
4. En unos nueve meses, el corazón de manzana ha desaparecido.
5. Los nutrientes del corazón han pasado al suelo.
6. Nuevas plantas utilizarán estos nutrientes para crecer.

El proceso de descomposición proporciona vida a las plantas jóvenes. Después de que los nutrientes de las plantas muertas pasan al suelo, las plantas jóvenes los absorben.

Puedes ver que la putrefacción y la descomposición ayudan a mantener la naturaleza en equilibrio, pero también pueden causar daños.

Pudrición en casa

El moho puede crecer dentro de casas húmedas. Este tipo de moho puede arruinar las alfombras y los muebles. Otro crecimiento dañino es el hongo que produce la pudrición seca. La pudrición seca carcome la madera hasta que se deshace

Gérmenes dañinos

Algunas bacterias son beneficiosas y se encuentran en alimentos como el yogur. También tenemos un montón de bacterias beneficiosas que viven en nuestros cuerpos. Pero no todas las bacterias son buenas. Las bacterias dañinas son llamadas gérmenes. Estos pueden causar enfermedades en los seres humanos. Es por ello que debes lavarte las manos después de tocar el suelo.

Lo bueno y lo malo

Algunos hongos son venenosos. Pueden matar árboles vivos. Ellos también son la causa principal de la destrucción de los cultivos. Algunos hongos atacan ciertas cosechas de papas. Durante el siglo XIX, un hongo conocido como el tizón de la papa destruyó el principal cultivo irlandés. Esto condujo a una terrible escasez de alimentos. Muchas personas murieron de hambre.

(Opuestos) Las bacterias beneficiosas viven en algunos yogures. Ayudan a mantenerte saludable y a combatir las bacterias dañinas que causan problemas de salud.

CAPÍTULO CINCO
RECICLAJE

La naturaleza está ocupada reciclando los residuos naturales. Pero tenemos que ayudar con la basura que la gente crea. En primer lugar, tenemos que lidiar con el material que es desechado como basura. En segundo lugar, tenemos que reducir la cantidad de basura que creamos. Para que la basura no inunde nuestro planeta, debemos reducir, reutilizar y reciclar.

RECICLAMOS

Las tres R

Reduce
¡Usa menos cosas! Evita comprar productos con demasiadas envolturas.

Reutiliza
Reutiliza cosas en vez de comprar nuevas. Reutiliza cosas como bolsas plásticas.

Recicla
Los artículos hechos de metal, vidrio, plástico y papel pueden convertirse en nuevos objetos. Recicla estas cosas cuando sea posible.

PLÁSTICO QUE SE PUDRE

Los científicos siguen buscando maneras de ayudar a la naturaleza en su reciclaje. Por ejemplo, añadiendo ciertos materiales, como el almidón de maíz al plástico de las bolsas ayuda a que se descompongan más rápidamente. Algunos plásticos están hechos con los materiales que se degradan a pleno sol.

EL poder del estiércol

Los residuos naturales pueden ser reutilizados. El estiércol, por ejemplo, puede transformarse en combustible. Cuando los seres vivos se pudren, producen gases. Uno de estos gases es el metano. También se encuentra en los desechos animales. Los residuos se ponen en un tanque especial que recoge el gas. A continuación, se utiliza el gas como combustible para cocinar y calentarnos.

El gas hecho de materia orgánica se denomina biogás. En esta planta de biogás, en Suecia, el biogás se utiliza como combustible para los trenes.

¿Por qué reciclar?

El plástico, el vidrio y el metal se hacen de materias primas que provienen de la Tierra. El plástico está hecho de petróleo. El vidrio está hecho de arena. El metal procede de las rocas. Un día se acabarán estos materiales y no se podrán reemplazar. Se llaman materiales no renovables. Una lata de acero puede ser reciclada varias veces. Incluso puede ser transformada en un objeto nuevo, como una bicicleta.

Usando la energía

El carbón, el gas natural y el petróleo son combustibles que provienen de las materias primas. Quemamos estos combustibles para generar electricidad. Esto proporciona la energía necesaria para hacer objetos como las conservas de lata.

¿QUÉ PODEMOS RECICLAR?

¡Este banco está hecho de bolsas de plástico recicladas!

Los metales, como el níquel, se encuentran naturalmente en la Tierra, pero toman millones de años para formarse. Los estamos utilizando mucho más rápido de lo se forman. Por esta razón es importante reutilizar y reciclar, de lo contrario se acabarán estos valiosos recursos.

En esta mina se está extrayendo níquel. El reciclaje de metales como el níquel ayuda a ahorrar estos materiales no renovables.

Basura y necesidad

La gente compra, usa y dispone de los productos a un ritmo rápido. Los productos hechos de materiales artificiales son un problema. Piensa en artículos tales como teléfonos móviles, ordenadores y refrigeradores. Todas estas cosas se convierten en basura cuando se dejan de usar. Por esta razón es importante reciclar tantas cosas como sea posible.

¿Qué es reciclar?

Hoy en día, más personas que nunca están reciclando objetos manufacturados. Ellas quieren proteger el equilibrio natural del planeta Tierra.

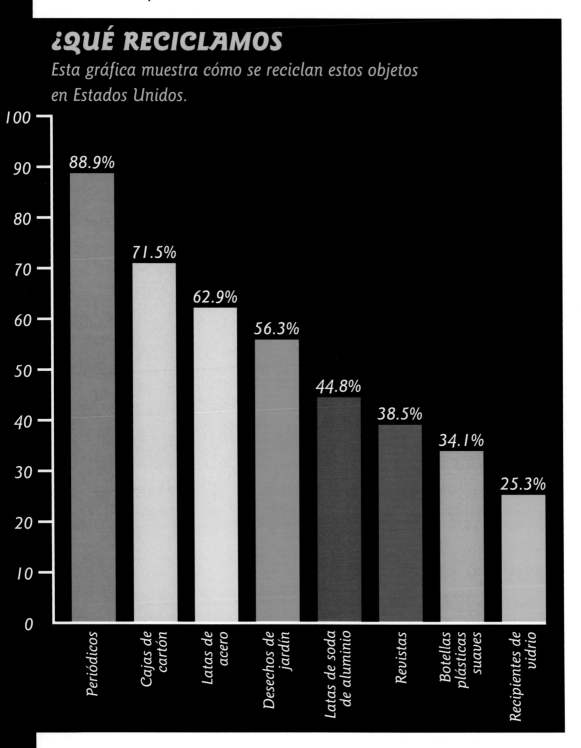

¿QUÉ RECICLAMOS

Esta gráfica muestra cómo se reciclan estos objetos en Estados Unidos.

- Periódicos: 88.9%
- Cajas de cartón: 71.5%
- Latas de acero: 62.9%
- Desechos de jardín: 56.3%
- Latas de soda de aluminio: 44.8%
- Revistas: 38.5%
- Botellas plásticas suaves: 34.1%
- Recipientes de vidrio: 25.3%

DATOS DE RECICLAJE

- Cada día las empresas estadounidenses usan suficiente papel para darle la vuelta a la Tierra 20 veces! Y solo una tonelada de papel reciclado puede salvar 17 árboles, 380 galones de aceite, 3 yardas cúbicas de espacio, 4,000 kilovatios de energía y 7,000 litros de agua!
- Un metal reciclado puede ahorrar suficiente energía como para hacer funcionar un televisor durante tres horas.
- Algunas cosas se convierten en objetos increíbles.

CDs ⟶ Lápices

Bolsas plásticas ⟶ Ropas

Contenedores de envío ⟶ Casas

Esta casa construida con contenedores de envío es un gran ejemplo de reciclaje.

Basura peligrosa

¿Qué podemos hacer con los residuos tóxicos o peligrosos? Si los enterramos, los venenos se pueden filtrarse a la tierra. Si los quemamos liberan venenos al aire. Hay muchos desechos peligrosos que no sabemos cómo deshacernos de ellos.

En los Estados Unidos, existen más de 36,000 sitios de desechos peligrosos. Estos guardan aceites usados, ácidos de baterías, metales pesados, líquidos, pesticidas, pintura vieja, plásticos, y desechos radioactivos.

Desechos nucleares

Una parte de la electricidad se produce utilizando energía nuclear. Las centrales nucleares producen residuos peligrosos. Estos residuos siguen siendo muy perjudiciales para la gente y el medioambiente durante cientos de años. Por el momento, los residuos nucleares se almacenan en tanques de concreto bajo tierra.

Basura espacial

Hoy en día, las estaciones espaciales y satélites flotan muy arriba, sobre la Tierra. Y también crean residuos. Guantes, pernos y tuercas sobrantes o extraviadas están volando por el espacio a unas 17,500 millas (28,164 kilómetros) por hora.

(Opuestos) Hay poco espacio para poner la basura a bordo de una estación espacial como la Estación Espacial Internacional. Una parte de la basura no deseada es expulsada al espacio, donde se quema o se mueve a gran velocidad.

Cosas podridas

Hay a menudo más basura que la materia maloliente dentro de un latón.

Empacados

Los antiguos egipcios hacían "momias" de cadáveres. Envolvían los cuerpos y los trataban con ácidos especiales. También sacaban el corazón y otros órganos para deshacerse de cualquier humedad. Los descomponedores necesitan humedad y aire para descomponer las cosas. Sin esto, los cuerpos no se pudren.

Frío

En condiciones de frío extremo, los hongos y las bacterias no pueden sobrevivir. Algunos cadáveres congelados se han encontrado embalados en hielo. Los cuerpos no se habían deteriorado.

Una momia es un cuerpo preservado. Los antiguos egipcios momificaron cadáveres secándolos de adentro hacia afuera.

Crimen podrido

La putrefacción y la descomposición pueden ayudar a resolver crímenes. Los científicos examinan un cuerpo para averiguar cuánto se ha descompuesto. A partir de esto pueden determinar cuándo la persona murió.

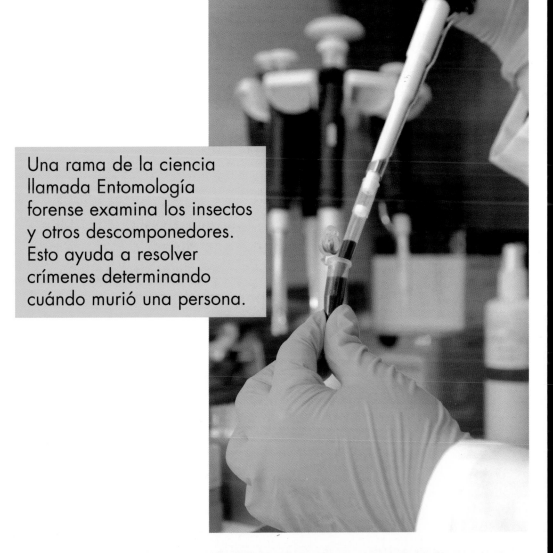

Una rama de la ciencia llamada Entomología forense examina los insectos y otros descomponedores. Esto ayuda a resolver crímenes determinando cuándo murió una persona.

BASURA VIEJA

Aprendemos mucho acerca de otras culturas y civilizaciones examinando su basura. Objetos tales como las cerámicas o las joyas nos dan información acerca de cómo vivía la gente de culturas pasadas.

Es tu mundo

Después de leer este libro, nunca podrás mirar la putrefacción y la descomposición de la misma manera. La fruta descomponiéndose bajo un árbol, el zumbido de una mosca, un trozo podrido de madera, todo te recordará el importante proceso de descomposición. Solo que ahora sabrás que es parte de un equilibrio natural.

RECUERDA LAS 3 R

- *Recicla lo que puedas.*
- *Reduce tus compras.*
- *Reutiliza cuanto puedas.*

Haz un Compost

Pídeles a tus padres que te ayuden a hacer un compost. No necesitas un jardín para hacer esto. ¿Tu escuela tiene un pequeño jardín? Asegúrate de que se mantenga libre de basura. Repón cuidadosamente cualquier tronco o ramas que uses. Recuerda, hay muchas cosas viviendo y muriendo bajo tus pies. Entrometerse puede destruir el proceso de putrefacción y descomposición para muchas criaturas.

IMAGÍNATE

Si la naturaleza no se encargara de sus propios residuos, la superficie de la Tierra estaría cubierta por una gruesa capa de cadáveres. Estos marabúes son carroñeros y se alimentan de animales muertos en África.

La putrefacción y la descomposición mantendrán nuestro mundo sano. La putrefacción elimina la materia muerta y proporciona muchos nutrientes a las plantas nuevas.

GLOSARIO

bacteria — organismo de una sola célula, solo visible a través de un microscopio

biodegradable — algo que se puede romper y pudrirse

cadena alimentaria — transferencia de energía alimenticia de un animal o planta a otro

carroñero — animal que se come la carne de animales muertos

compost — descomponer residuos de la cocina y del jardín

descomponer — cuando un animal o planta se descompone y libera los nutrientes al suelo

ecosistema — comunidad de plantas y animales

hábitat — lugar donde viven plantas y animales

hongos — organismos que se alimentan de otros animales

incinerador — horno grande donde se quema la basura

materia orgánica — basura natural que se descompone

medioambiente — medio natural

moho — tipo de hongo

nutriente — alimentos que necesitan plantas y animales

organismo — cualquier ser viviente

peligroso — que pueden hacer daño

reciclar — hacer un objeto nuevo con otro viejo

sustancia química — compuesto usado en química

tóxico — venenoso

MÁS INFORMACIÓN

Libros

Carbon-Oxygen and Nitrogen Cycles: Respiration, Photosynthesis and Decomposition. Rebecca Harman. Heinemann, 2005.

Earth's Garbage Crisis (What if we do nothing?) Christine Dorion. World Almanac Library, 2007.

Food Chains And Webs. (Life Processes/2nd Edition). Holly Wallace. Heinemann, 2006.

Recycling. Jen Green. Stargazer Books, 2006.

Sitios de la internet

http://www.metrokc.gov/dnr/kidsweb/index.htm
King County (Washington State) website about natural resources. Information, games, and quizzes on water, wildlife, recycling, and hazardous waste.

http://www.countrysideinfo.co.uk/decompos.htm
Information on decomposition, including images showing the stages of decay in a dead rabbit.